Juliane Andersdatter og Peder Langballe Iversen

De første af flere generationer Iversen
smede med rødder i Borbjerg

**Et uddrag af Verner Villadsens
omfattende slægtshistorie**

Redigering og udgiver
Jens Erik Villadsen
mail@vestjyder.dk

Redigering og udgiver:
Jens Erik Villadsen
mail@vestjyder.dk

Forlag: BoD – Books on Demand, København, Danmark
Fremstilling: BoD - Books on Demand GmbH - Norderstedt, Tyskland

ISBN 978-87-71885880

Indhold

Side

FSC
www.fsc.org
MIX
Papir fra
ansvarlige kilder
Paper from
responsible sources
FSC® C105338

Forord

Publikationen her er en del af min far - Verner Villadsens - omfattende slægtshistorie, som han efterlod mig ved sin død i 2011. Og lad det være sagt her, denne fortælling er rettet mod slægtsforskere og læsere med interesse for lokalhistorien i Borbjerg sogn fra 1850erne og ca. 100 år frem.

Jeg har her valgt fortællingen om smedefamilien Iversen, der over tre generationer var markant til stede i Borbjerg og Hvam. Den første var Peder Langballe Iversen, der i 1850erne slog sig ned som smed i Brødbæk i Borbjerg sogn. Vi følger ham i storhed og fald. Alle sønnerne lærte smedehåndværket, før de drog ud i verden. Den ældste søn - Iver - blev dog i sognet og drev Hvam smedje med tilhørende landbrug og mølleri. Hans søn Jesper overtog smedjen efter ham; men med ham var det slut med Iversen smedene i Borbjerg.

Vi følger også Ane Andersdatter og Peder Langballe Iversens børn, og da mit/vort slægtskab er tilknyttet den ældste søn Iver, følger vi også hans børn, dog flyttet til sidst i fortællingen. Her finder vi også lidt historie om Juliane og Peders forældre.

November 2015 - Jens Erik Villadsen

Juliane Andersdatter og
Peder Langballe Iversen

Peder Langballe Iversen
    - født i Nørre Nissum sogn 13. juli 1833
    Forældrene var Iver Jensen og Ane Knudsdatter
    Langballe.

Gift i Lomborg kirke 28. november 1858 med
Juliane Andersdatter
    - født i Hove sogn 2. november 1830
    Forældrene var Anders Poulsen Knude og
    Maren Jacobsdatter

Læs mere om deres forældre på side 50

Juliane mistede sin far som treårig, så det blev stedfaderen, hun huskede som sådan. Foruden sine fire helsøskende, blev der også tre halvsøskende. Juliane blev i hjemmet, til hun var 16 år. Hun havde derefter plads i huset i Lemvig i fire år; men var så hjemme hos forældrene igen og hjalp til der et år, hvorefter hun igen tog plads hos fremmede, før hun i 1858 blev gift.

Peder mistede sin far en måneds tid før sin konfirmation i 1848. Han blev hjemme og hjalp moderen, også efter broderen, smeden Jens Iversen, var flyttet fra Tinglev i Sønderjylland til Nørre Nissum og overtaget hjemmet "Vester Bak". Faderen havde hele tiden både været landmand og smed, og det samme fortsatte Jens Iversen med. Også Peder blev oplært i begge dele.

Det varede nu ikke så længe, før Jens Iversen solgte ejendommen i Nørre Nissum og flyttede til Lemvig. Peder fulgte med; men allerede et års tid efter flyttede han til en anden broder, der boede i Rom by få km. syd for Lemvig. Han var også både bonde og smed, som det var almindeligt dengang. I årene herefter flyttede han flere gange. Han var også i København en kort tid, før han i 1857 kom til Ryde.

Peder Langballe Iversen købte "Thingskov Brohus" i Ryde kort før sit bryllup i 1858 med Juliane. "Thingskov Brohus" lå lige nord for broen over Helle Å. Oprindelig var det en smedeforretning med et lille vandhjul, der trak boremaskine, blæsebælg, forhammer og slibesten med mere.

I den vandrige å lod det sig gøre at få vandhjulet til at køre rundt. Denne lille landejendom med smedje købte Peder Langballe Iversen af Peder Sørensen i "Sønder Kragelund" i Hjerm for 850 rigsdaler.

Peder Langballe Iversen virkede her, som både husmand og smed, ligesom faderen og mange andre før ham.

Fire af deres otte børn blev født i de år, de boede her. Først på året 1867 solgte Pe´ Yversen, som han nu kaldtes i daglig tale, Thingskovbrohus til sin smedesvend Jens Nielsen fra Ranum.

I 1867 købte han så en smedje lidt længere inde i landet, Brødbæk i Borbjerg sogn. Denne Smedje købte han af smeden Poul Jensen, formedels 300 rigsdaler.

Efterhånden blev der seks sønner og to døtre i familien.

Alle sønnerne kom i smedelære i faderens smedje. Her var der intet landbrug, der skulle passes. I sine velmagtsdage havde han flere svende i arbejde.

I en avisartikel om vandsmeden har jeg læst følgende (jeg husker ikke forfatterens navn):

> *"Jeg husker tydelig den lille fastbyggede smed med de levende Øjne og den udmærkede slægt fra smedehjemmet dernede ved Brødbæk i Dalslugten imellem Handbjerg og Borbjerg. Jeg husker, vandet fra slugten fossede ned og gav kraft til hammeren og til en stampmølle, før det løb ud i Limfjordens enge ud til Helle Å. "Pe' Yversen" var noget af en foregangsmand, ja ligefrem noget af en spekulant, han købte strandingsjern fra auktionerne ved Vesterhavet og lavede det ved vandhammerens hjælp til jernakslede vogne, til afløsning af de hidtil brugte træaksler".*

Videre i artiklen står der, at han kørte med kavalkader af vogne til de store vestjyske markeder i Ulfborg, Dalager og Gjelleruplund.

"Pe' Yversen" blev efterhånden en ret velstående mand
med flere folk i arbejde.

På et billede fra den tid, hvor han selv holder i vognen
udenfor sammen med Juliane, der står ved siden af, er der
seks svende i arbejde. (se side 14)

Han lod i 1874 opføre et nyt stuehus. Så længe han
havde sine dygtige sønner til hjælp i smedjen, gik det hele
tiden fremad; men efterhånden som de rejste hjemmefra,
var storheden ved at være forbi. Peder Iversen var nok
også blevet for glad for flasken. Rejsen rundt til de mange
markeder var nok heller ikke nogen styrkelse af ædruelig-
heden.

Til at begynde med kunne han låne sig ud af vanskelig-
hederne - der var jo ikke nogen gæld af betydning i ejen-
dommen; men han tog det helt store spring og lånte
20.000 kroner.

Det var jo før bankernes tid, så det var de såkaldte pen-
geudlånere man tyede til. I dette tilfælde var navnet på
udlåneren Kristian Hansen, der fik første prioritet i ejen-
dommen.

Det, der nu skete, var, at han efterhånden også måtte
låne til renterne. Karen Havskov lånte ham 2.000 kroner
og fik anden prioritet. Hos E. Sieskilde hentede han 3.000
kroner, og han fik tredje prioritet. C.J. Schou tegnede sig
for 1.765 kr. og S. Bøggild og A. Vium måtte ud med 2.575
kr.

Alle disse lån optog han i årene 1887 - 1888 - 1889 -
det sidste blev tinglyst 6. marts 1890; men så var mulig-
hederne vel udtømt.

Men før den tid skrev Holstebro Dagblad dette referat fra nogle møder om etablering af et mejeri.

Dagbladet 7. marts 1885:

> *"Andelsmejeriet. I de sidste 14 dage har det næsten været på tale over alt her i sognet, hvor et par mænd ere komne sammen, at nu skulle vi have oprettet et Andelsmejeri der eller der, samt drøftet hvad gode og onde sider dertil hørte; så blev der holdt møde om sagen i Store Ryde Mølle; men stemningen for sagen var ikke så god, som den kunde og burde være. Et andet møde blev holdt i Lille Ryde Mølle; men der var det endnu dårligere, folk fra Ryde ville ikke rigtig være med, hvorimod nogle mænd fra Handbjerg vare bedre stemt for sagen.*
>
> *Så endelig holdtes i går et møde hos smed Peder Langballe Iversen i Borbjerg, hvor nogle mænd fra Borbjerg Handbjerg og Ryde endelig fik sagen gjemmenført, idet Stampeværket bliver nedlagt, og vandkraften så skal anvendes til at drive Centrifugen"*

Om Peder Iversen havde regnet med, at han så kunne klare igennem sine vanskeligheder, kan man jo kun gætte på.

Uddraget af lejemålet afskrevet efter panteprotokollen:

> *"Den 10. april 1885 oprettedes et lejemål mellem smedemester Peder Langballe Iversen og bestyrelsen for Borbjerg Handbjerg sognes Andelsmejeri. Man havde set, hvordan Peder Iversen havde held med at udnytte vandkraften til at drive sit hammerværk og mente så, det også kunne bruges som drivkraft for mejeriet".*

Lejemålet skulle begynde den 1. maj 1885 og løbe i 49 år, opsigelig fra lejeren side med seks måneders varsel til første maj eller november. I årlig lejeafgift skulle mejeriet betale 500 kroner årlig - med 250 kroner halvårlig til ejeren på dennes bopæl.

Det skulle omfatte en grund til at opføre mejeriet på og ret til at bruge vandkraften, som Peder Iversen også måtte udnytte til at drive sit hammerværk med.

Mejeriet blev så opført, nærmest sammenbygget med smedjen, og en bolig til mejeribestyreren i nærheden. Men det viste sig, at det ikke var nogen god idé for mejeriets vedkommende, da der var for lidt kraft til at drive maskinerne.

Efter et par års forløb måtte man anskaffe en dampmaskine. Dertil kom, at hele mejeriet var opført af for ringe materialer, og allerede i begyndelsen af dette århundrede begyndte man at tale om at bygge nyt.

Mejeriet blev i 1907 flyttet op i Hvam Mejeriby, og byen blev opkaldt efter mejeriet. Da havde Peder Langballe Iversen forladt smedehjemmet i Brødbæk efter en tvangsauktion 3. januar 1899. Hans Hansen, som Peder Iversen var blevet økonomisk afhængig af, overtog stedet som brugelig pant.

Juliane og Peder Langballe Iversen flyttede til Taulbjerg i Holstebros sydvestlige udkant nær ved Idom sogneskel.

Nu var Peder Iversen igen ene om arbejdet i den lille smedje, der hørte til stedet. Det var nok heller ikke mange penge, han tjente. Storhedstiden var forbi. Men børnene var alle i gode stillinger og sørgede for, at de to gamle ikke led nogen nød.

Den 28. november 1908 fejrede Juliane og Peder Lang-
balle Iversen deres Guldbryllup. Festen blev holdt i Hum-
lum præstegård, hvor sønnen A.C. Iversen var sogne-
præst. (Se side 15)

På nær sønnen Marius, der var udvandret til Canada,
var alle børn og svigerbørn samlet til festen. Nogle få af de
gamles søskende, der endnu var i live, var også med. Også
enkelte af børnebørnene kan man se på familiebilledet på
præstegårdens trappe. Dette blev taget i dagens anled-
ning.

Året efter 11. oktober 1909 døde Juliane i hjemmet i
Holstebro. Efter Julianes død var Peder Iversen på skift hos
børnene. Den første tid var han i Humlum præstegård, se-
nere i Skive hos sønnen og svigerdatteren der; men det
var ikke rigtig sagen. Til sidst flyttede han ind hos Iver og
Mette i Hvam, og det var nok der, han trods alt bedst kun-
ne være. De andre steder var der efter hans mening for
fint til ham. Han ville nok også hellere være her i "Hvam
Mølle." Det var trods alt i Borbjerg sogn, han havde levet
de fleste af sine dage.

Peder Langballe Iversen døde i Hvam Mølle den 19. sep-
tember 1917 - 84 år gammel.

På et billede fra Pe´Yversens storhedstid, ser man ham selv holder i vognen udenfor smedjen sammen med Juliane, der står ved siden af, er der seks svende i arbejde.

Den 28. november 1908 fejrede Juliane og Peder Langballe Iversen deres Guldbryllup.

Festen blev holdt i Humlum præstegård, hvor sønnen A.C. Iversen var sognepræst.

**Juliane Andersdatter og
Peder Langballe Iversens børn:**

Iver Iversen

- født den 9. april 1859 i Ryde
- død den 3. marts 1935 i Tornemark, Sjælland

Ane Iversen

- født den 26. marts 1860 i Ryde
- død den 25. februar 1936 i Tornemark, Sjælland

Anders Christian Iversen

- født den 7. november 1861 i Ryde
- død den 4. september 1937 i Årestrup, Himmerland

Jens Hauskov Iversen

- født den 30. marts 1865 i Ryde
- død den 21. oktober 1947 i Skive

Marius Iversen

- født den 27. februar 1868 i Borbjerg
- død den ?? i U.S.A.

Niels Iversen

- født den 17. januar 1872 i Borbjerg
- død den 20. august 1924 i Cardif, England

Peder Langballe Iversen

- født den 25. december 1873 i Borbjerg
- død den 5. december i Århus

Maren Iversen

- født den 28. december 1876 i Borbjerg
- død den 26. juni 1924 i Herning

Iver Iversen

> - født i "Tingskovbrohus" Ryde sogn 9. april 1859
> Forældrene var Peder Langballe Iversen og hustru
> Juliane Andersdatter
> Iver døde i Tornemark på Sjælland 3. marts 1935

Gift 1. gang i Borbjerg kirke den 3. november 1881 med

Mariane Jespersen

> - født i "Rydlund" i Ryde 10. december 1859
> Forældrene var Jesper Jensen og hustru Maren
> Christensdatter.
> Mariane døde i hjemmet i "Hvam Mølle" 2. juni 1914

Iver Iversen blev 2. gang gift i Borbjerg kirke
den 3. november 1915 med

Mette Lauridsen

> - født i Hodsager sogn 16. september 1866
> Mette døde i Bøggild i Hvam 23. april 1936

Iver ca. 1930

Marianne ca. 1910

Fælles for Mariane og Iver var, at de begge var den ældste af søskendeflokken, og at forældrene flyttede fra Ryde til Borbjerg sogn, henholdsvis i 1867 og 1868. Men selv om deres hjem ikke lå langt fra hinanden, kom de ikke til at gå i samme skole. Iver kom til at gå i hovedskolen ved kirken, medens Mariane kom til at gå i biskolen i Hvam. Da tiden kom, hvor de skulle gå til præsten, kunne de følges ad. De blev konfirmeret i Borbjerg kirke søndag 20. april 1873.

Iver begyndte, som de fleste drenge på den tid, som hjorddreng. Han havde et par somre plads på en gård i Ryde. Efter konfirmationen kom han i smedelære i faderens smedje. Det var dengang en betydelig virksomhed, der var kendt langt omkring for fabrikering af stivvogne til landbruget.

Mariane mistede sin mor allerede som 15årig. Hun nåede aldrig at få plads hos fremmede. Det var heller ikke så almindelig dengang, at gårdmandsdøtrene kom hjemmefra som tjenestepiger, i hvert fald ikke i et velstående hjem som her. De blev hjemme, til de skulle giftes.

Iver købte 25. marts 1881 "Hindkjærhus" ved Skivevej i Mejrup sogn. Her begyndte han som selvstændig husmand og smed, og han blev gift den 3. november samme år i Borbjerg kirke med Mariane.

De ti år, de boede i "Hindkjærhus," blev syv af deres tretten børn født, en lille pige døde som spæd. Ejendommen nedbrændte i sommeren 1885, antagelig ved lynnedslag. Mariane ventede da sit tredje barn, og familien tog ophold hos hendes forældre i "Over Brødbæk" i Borbjerg sogn, så længe bygningerne blev genopført.

Hun nåede at føde i den tid, de var der, og drengen blev døbt i Borbjerg kirke og kom til at hedde Jesper ligesom morfaderen.

I vinteren 1892 mageskiftede Iver "Hindkjærhus" med "Hvam Mølle" og tilhørende landbrug. "Hindkjærhus" blev sat i værdi til 6.000 kroner - "Hvam Mølle" blev sat i værdi til 7.500 kroner.

"Hvam Mølle", som Iver og Mariane nu flyttede til, var beliggende i Hvam Kroby vest for Skivevej. Iver byggede en smedje ud til vejen, og var så både smed, møller og landmand.

Der fulgte nu nogle travle år. Han havde et par smedesvende til hjælp i smedjen og en karl til at passe mølleriet og landbruget. Han havde mange jern i ilden, måske også rigelig.

Børneflokken voksede med yderlig seks, så der var også meget for Mariane at gøre, da man dengang havde alle folk på kost og logi. De fleste af drengene lærte smedehåndværket derhjemme i smedjen, ligesom Iver og hans brødre gjorde hos deres far. De havde været smede i flere generationer.

Iver og Mariannes piger fik ikke nogen egentlig uddannelse, det var ikke så almindelig dengang. Efter som de voksede op og kunne undværes i hjemmet, fik de plads hos fremmede.

I tyve år fortsatte Iver med at være smed, møller og landmand, uden derved at blive rig på jordisk gods, selv om økonomien bedredes med tiden. Iver og Marianne sluttede sig til Indre Mission, og der kom mange gæster i hjemmet. De blev alle bænket ved samme bord, som tjenestefolkene, så der skulle meget i gryderne.

I 1912 solgte Iver smedjen og smedeværktøjet til sønnen Jesper for 4.200 kr.

Marianes helbred var ikke godt længere. I vinteren 1913 -14 måtte hun holde sengen meget af tiden. Hen på foråret syntes det at bedres lidt, hun var igen oven senge; men det varede kun kort, - natten til den 3. juni 1914 blev det alligevel døden. De to yngste af børnene var endnu ikke konfirmeret.

Ved begravelsen fra Borbjerg kirke lørdag den 6. juni, var det svogeren pastor A.C. Iversen, der nu var præst i Humlum, der forrettede tjenesten.

Allerede året efter, 3. november, stod Iver Iversen igen for alteret i Borbjerg kirke, for øvrigt samme dato som den første gang han blev gift i 1881. Bruden var denne gang Mette Lauridsen, der var født i Hodsager sogn 16. september 1866.

Mette flyttede så ind i "Hvam Mølle". Hun tog godt imod den store familie; men fik nok ikke de roser, hun kunne tilkomme. Det er jo vanskeligt at være i moders sted.

I 1918 valgte Iver og Mette at sælge Hvam Mølle og flytte i ejendommen "Aldersro", ca. én km mod syd af Skivevej. En lille landejendom med fire tønder land jord, et par små heste, nogle få kreaturer, en griseso med grise og et vist antal høns.

"Yver Smed", som han kaldtes i daglig tale, indrettede også en lille smedje i "Aldersro", hvor han stod og lavede lidt småtterier, så længe helbredet tillod det.

I foråret 1934 solgte de "Aldersro" og flyttede til Torne-
mark på sydvestsjælland. Der var Ivers søster og svoger et
par år i forvejen flyttet over for at være i nærheden af de-
res børn, og nu synes de, at Iver og Mette også skulle flyt-
te over til dem.

Det skortede ikke med advarsler før tiden; men det ville
"Yver Smed" ikke høre tale om. Men det gik hurtig op for
ham, og især for Mette, at længslen efter hjemegnen var
stor. Til tider overvejede de nok at flytte tilbage.

Allerede året efter ramtes Iver af en lungebetændelse,
der efter få dages sygdom medførte døden natten til 6.
marts 1935.

Mette blev syg efter begravelsen og gik i seng, og hun
kom ikke op mere. Livsmodet var borte, og hun døde året
efter 23. april 1936.

Der var 13 børn i ægteskabet, <u>læs mere om dem på
side 32</u>

Ane Iversen

> - født i Ryde sogn den 26. marts 1889

Gift i Borbjerg kirke den 26. april 1889 med
Anders Akselsen

> - født i Skjoldborg i Thy den 14. november 1859

Ane Iversen var en begavet kvinde. I sin ungdom underviste hun de små klasser i Borbjerg skole, uden dog at have nogen særlig uddannelse.

Efter sigende havde hun et godt hjerte og var hele livet afholdt af de mennesker, hun kom i berøring med.

Anders Akselsen kom til hjemmet i Brødbæk som smedesvend. Efter brylluppet nedsatte han sig, som landsbysmed i Ulfborg, og her blev fire af deres fem børn født.

Det gik ikke alt for godt med økonomien, og han prøvede derfor at flytte til Nørre Bork og Idom; men det var først, da svogeren pastor A.C. Iversen hjalp dem til en mindre landejendom i Resen ved Struer, at indtjeningen blev sådan, at familien kunne leve af det. Sammen med landbruget var han også smed, og efter datteren Julies udsagn fik de ca. 30 gode år der.

I 1932 flyttede de til Tornemark på Sydvestsjælland, hvor de fik ophold hos sønnen Peder Akselsen, der var smedemester der.

Ane Akselsen døde den 25. februar 1936 efter lang tids sygdom. Anders Akselsen døde den 17. april 1947

Der var fire børn i ægteskabet, hvor den ældste, Georg Akselsen, arbejdede sig op igennem hierarkiet ved Sadolin & Holmblad og endte som adm. direktør.

Anders Christian Iversen

> - født i Ryde sogn den 7. november 1861

Gift i Lemvig kirke den 10. august 1894 med
Maja Larsen

> - født i Lemvig den 8. april 1876

A.C. Iversen, som han senere underskrev sig, lærte ligesom brødrene smede-håndværket hjemme i faderens smedje. Senere rejste han til Århus og blev maskinist ved Frichs fabrikker, før han begyndte at læse teologi.

Sin teologiske embedseksamen fik han ved Københavns Universitet i 1892.

Samme år blev han sognepræst i Møborg og Nees sogne.

Efter syv år i embedet der, søgte han et ledigt embede i Resen - Humlum, hvortil han kom i 1899.

Her blev han hurtig afholdt af en stor del af menighe-
den.

I 1906 lod han sig opstille som kandidat til folketinget
for partiet Højre i Lemvigkredsen. Han opnåede dog ikke
valg, da de ca. tusind stemmer han fik ikke rakte til plads i
tinget.

Pastor A.C. Iversen var nogle år formand for Nørre Nis-
sum seminarium, kredsformand for Blå Kors og præstefor-
eningen og endelig kredsformand for børnegudstjenesten.

Men det hele endte med et brag i 1914. Onde tunger
mente at vide, at præsten var lidt for glad ved kokkepigen,
selv om både han og pigen nægtede, at det skulle være
tilfældet. Han søgte selv sin afsked og rejste med sin fami-
lie til København, hvor han i nogle år var sekretær i for-
eningen Blå Kors.

Biskoppen havde foreslået denne løsning, for at der
kunne blive ro om sagen. Kjolen og kraven beholdt han, og
biskoppen lovede, at han igen ville hjælpe ham til et em-
bede.

I august 1919 blev han sognepræst i Vrads i Midtjyl-
land. Det var vist ikke lykken; men dog et embede. Han
søgte igen derfra, og blev i september 1924 sognepræst i
Årestrup - Haverslev sogne i Himmerland.

Her nåede pastor A.C. Iversen igen at blive afholdt af
sin menigheden i den korte tid, han var der. Det blev kun
til tre år i embedet der, idet han ramtes af en lungebetæn-
delse, der medførte døden den 4. september 1927.

Maja flyttede til Ordrup, hvor hun levede som enke i
næsten 32 år, hun døde 28. maj 1959 - 83 år gammel.

Der var otte børn i ægteskabet.

Jens Hauskov Iversen

> - født i Ryde sogn den 30. marts 1865

Gift i Borbjerg kirke den 1. juli 1890 med
Birgitte Marie Jespersen

> - født i Ryde sogn den 27. juli 1864 - for øvrigt var
> hun søster til Mariane, og da Iver og Jens også var
> søskende, var det dobbelt svogerskab.

Jens Hauskov Iversen blev, ligesom brødrene, udlært til smed i faderens virksomhed i Brødbæk; men modsat nogle af brødrene, fortsatte han livet igennem med dette arbejde.

Han arbejdede derhjemme i faderens smedje til 1888, hvorefter han i et år var ude at se sig om, før han i juli 1890 begyndte selvstændig forretning i Lem i Salling.

Jeg har fået Jens Hauskov Iversens skudsmålsbog af datteren Dagny, og af den fremgår det, at han flyttede til København den 10. august 1888, hvor han opholdt sig et år, antagelig som soldat. Ifølge skudsmålsbogen nåede han at være både i Odense, Helsingør, Fuglebjerg og Slagelse, før han den 19. maj 1890 igen kom til Borbjerg for at indgå i den hellige ægtestand, hvilket skete i Borbjerg kirke den 1. juli 1890.

Efter et par år i Vestsalling købte Jens Iversen en smedeforretning på Østerbro i Skive, hvor der blev oparbejdet en betydelig forretning, og hvor Jens Iversen blandt andet i en årrække var medlem af byrådet. Marie var i sine velmagtsdage en dygtig og gæstfri husmor.

På deres guldbryllupsdag den 1. juli 1940 var ægteparret genstand for stor opmærksomhed, og som der stod i Skive Folkeblad:

> *"Smed Iversen er kendt af alle som den bundsolide type af håndværkere, en mand, hvis ord i stort som småt er til at stole på, derfor har han også i årenes løb oparbejdet en stor og solid forretning.*
>
> *Smed Iversen og hans hustru har gennem de mange år på grund af deres godgørenhed og deres milde og bramfri sind og væsen vundet sig mange venner".*

Smed Iversen holdt samtidig med guldbrylluppet 50 års forretningsjubilæum; men han fortsatte endnu nogle år med at drive smedeforretningen, før han afhændede den til sin førstemand på den betingelse, at de måtte blive boende i lejligheden på Østerbro, så længe de levede.

Birgitte døde den 25. marts 1946 og Jens den 21. oktober 1947- Der var seks børn i ægteskabet, som alle døde barnløse.

Birgitte og Jens Hauskov Iversen på deres guldbryllupsdag 1. juli 1940

Marius Iversen

- født i Borbjerg sogn den 27. februar 1868

Marius blev ligesom brødrene uddannet til smed i faderens smedje, og han blev senere politibetjent.

Som 30årig rejste han i 1898 til Canada, og efter nogle år der kom han til U.S.A.

Han læste til præst og virkede som præst derovre i mange år.

Han blev gift; men ingen nulevende af familien husker navnet på hans hustru. De var aldrig herhjemme, også selv om konen, ligesom Marius, var dansker.

Der var otte børn i ægteskabet, flest drenge, og flere af dem deltog i anden verdenskrig.

Så længe moderen Juliane levede, var han flink til at skrive hjem; men efter hendes død i 1909 blev der længe imellem, at familien herhjemme hørte fra ham. Søstersønnen Peder Akselsen besøgte ham engang under en rejse i Staterne, og efter hans udsagn, levede familien under små kår.

Marius Iversen genså aldrig sit gamle fædreland, og ingen af familien her ved, hvornår han døde.

Niels Iversen

- født i Borbjerg sogn den17. januar 1872
Niels Iversen blev aldrig gift; men var i 25 år forlovet
med Mathilde Månsen fra Struer.

Ligesom brødrene blev han udlært smedesvend der-
hjemme, før han senere læste til maskinist og maskinme-
ster.

Under en rejse til Sydengland med D.F.D.S. s båd Arkausus døde han pludselig i Cardiff den 20. august 1924.

Uddrag af S.S. Arkausas Skibsdagbog:
Mandag den 18. august 1924:

Tilkaldte Læge til Mester N. Iversen og Fyrbøder A. Mortensen.
Lægen ordinerede medicin til begge.

Tirsdag den 19. august:

Fyrbøder A. Mortensen i bedring, 1.ste mester N. Iversen følte sig delvis bedre.

Onsdag den 20. august:

1.ste Mester N. Iversen var om formiddagen omtrendt som foregående Dag; men ud på eftermiddagen synes Tilstanden at forværres, uden dog at han ønskede Lægen tilkaldt; men kl. ca. halv otte tilkaldes dog Lægen, som kom Ombord ved halvni Tiden, og efter en Undersøgelse erklærede han, at 1.ste Mester var meget afkræftet af Åndenød og skulle på Hospitalet.
Politiambulancen blev tilkaldt og Lægen, Kaptajnen og 3 af Skibets Officerer fulgte med til Hospitalet; men ved ankomsten hertil viste det sig, at 1.ste Mester N. Iversen var død undervejs.

Peder Langballe Iversen
- født i Borbjerg sogn den 25. december 1873

Gift i Frue Kirke i Århus den 17. januar 1900 med
Mary Andrea Bech
- født den 22. maj 1875 i Århus Domsogn.

Peder Langballe Iversen havde selvfølgelig også lært smedehåndværket. Senere blev han lokomotivfyrbøder og havde tjenestested i København; men blev forfremmet til lokomotivfører med tjenestested i Nyborg.

I 1908 blev han forflyttet til Ålestrup og samme år til Århus, og en ønskedrøm der gik i opfyldelse.

Men lykken varede kun kort. I foråret 1911 ramtes han af en uhelbredelig sygdom. Han blev indlagt på amtssygehuset i Århus, hvor han døde den 5. december 1911. Andrea stod så ene med fire ukonfirmerede børn; men det lykkedes for hende at bevare hjemmet, og børnene fik alle en god uddannelse.

Svogeren, maskinmester Niels Iversen, var hende på mange måder behjælpelig med det økonomiske.

Mary Andrea Iversen, født Bech, døde i Århus 31. august 1934, 59 år gammel. Der var fem børn i ægteskabet.

Maren Iversen

> - født i Borbjerg sogn den 28. december 1876

Maren var den yngste af Peder Langballe Iversen og Julianes børn. Hun blev hjemme hos forældrene, til hun var en fuldvoksen pige; men hjalp også som mejerske i Brødbæk mejeri, der dengang var sammenbygget med smedjen for udnyttelse af vandkraften.

De gamle i familien har fortalt, at Maren var en god kvinde, der hjalp, hvor der var brug for hende, således var hun til stor støtte for svigerinden Andrea, da hun i 1911 blev enke med fire ukonfirmerede børn.

Maren blev som 40årig gift i Skive kirke med enkemand og gårdejer **Johannes Pedersen**, Herning. Han var født i Torup, Sunds sogn den 3. februar 1865. Hans afdøde hustru Mette Kirstine Andersen døde den 18. december 1910 - 52 år gammel.

Broderen, smedemester Jens Hauskov Iversen i Skive, holdt festen, der fandt sted den 21. april 1917.

Maren skabte sammen med Johannes Pedersen, efter hvad de gamle i familien har fortalt, et meget gæstfri hjem og ægteskabet var meget lykkeligt.

Men også her varede lykken kun kort, den 26. juni 1924 døde Maren Pedersen - født Iversen efter en håbløs sygdom.

Ved begravelsen på Herning kirkegård forrettede broderen pastor A.C. Iversen tjenesten.

Fortsat fra side 21

Mariane og Iver Iversens børn:

1.	**Marius Iversen**	1882 -1928
2.	**Peder Langballe Iversen**	1884 -1941
3.	**Jesper Brødbæk Iversen**	1885-1937
4.	**Kristen Julius Iversen**	1887-1965
5.	**Maren Iversen** født? død som spæd.	
6.	**Maren Iversen**	1890 -1949
7.	**Juliane Iversen**	1891 -1970
8.	**Kristine Iversen**	1893-1977
9.	**Marie Iversen**	1894 -1981
10.	**Christian Bernhardt Iversen**	1896-1983
11.	**Kathrine Iversen**	1898-1969
12.	**Dusine Iversen**	1901 -1992
13.	**Ejner Iversen**	1902 -1970

Marianne og Iver Iversen med deres børn ca. 1905

Marius Iversen

- født den 27. november 1882

Marius blev aldrig gift. Han arbejdede ved landbruget hele livet. I sin ungdom havde han først plads på hjemegnens gårde og var senere elev på Haslev Højskole, vist nok to gange.

Før den tid købte han en landejendom i Hjerm, hvor han også kørte en mælketur til Andelsmejeriet i Hjerm stationsby.

Han var ikke meget for at gå ene der. Ejendommen kunne ikke give udbytte nok til, at der kunne blive til en lønnet husbestyrerinde, hvad der vel heller ikke var let at få.

Søsteren Juliane prøvede at være der en vinter, og da hun ikke ville fortsætte, valgte han at sælge ejendommen. Han flyttede til Sjælland, hvor han senere byggede en statsejendom i nærheden af Holbæk.

Men også der var der problemer med at gå alene, og det lykkedes ikke for ham at blive gift.

Flere af søstrene prøvede at være hos ham; men det var som regel ikke længe af gangen.

I sommeren 1928 begyndte helbredet at svigte, og broderen Ejner tog over passede og ejendommen for ham, eller hjalp ham ved det, når han var hjemme fra sygehuset, hvor han blev opereret for en svulst i maven. Det endte med døden juledag 1928.

De andre søskende fraskrev sig arven efter ham til fordel for Ejner, så han kunne drive ejendommen videre. Det varede dog ikke længe, før Ejner havde sat det hele over styr. Han havde ikke Marius´ evne til at holde på pengene.

Marius blev kun 46 år gammel.

Høst i 1920erne

Peder Langballe Iversen

   - født den 26. januar 1884

Gift på Rådhuset i København i 1915 med
Olga Agathe Hansen

I sin barndom opholdt Peder sig meget hos bedsteforældrene i smedehjemmet i Brødbæk, og ved folketællingen i 1890 nævnes han som plejesøn.

Peder begyndte som de fleste af sine farbrødre med at lære smedehåndværket i bedstefaderens smedje og blev senere uddannet til maskinsmed og maskinist.

Han var en høj, stilfærdig mand og havde i mange år en god stilling i København.

Under en spadseretur sammen med sin hustru i efteråret 1941 ramtes han af et hjertetilfælde, og han var død ved ankomsten til sygehuset. Olga var en lille buttet kvinde, der holdt af at fortælle en god historie, og hun var heller ikke uinteressant at høre på.

Så længe Iver og Mette var i Aldersro, tilbragte hun lange ferier der sammen med sit eneste barn, Ervind. Hun var kontoruddannet, og efter at hun var blevet enke, arbejdede hun i nogle år som kontorist. Hun døde 6. juni 1970

Der var en søn i ægteskabet, Ervind.

Jesper Brødbæk Iversen (Blev i daglig tale kaldet Esper)
- født den 8. september 1885

Gift i Borbjerg kirke 1913 med
Severine Sørensen

Esper lærte
smedehåndværket
i faderens smedje
og arbejdede der
det meste af sin
ungdom.

I 1912 købte
han smedjen og
værktøjet af fade-
ren, der så selv be-
holdt landbruget og
møllen.

Foruden almin-
delig grovsmedear-
bejde, specialisere-
de Esper sig i at
lave vægte til vej-
ning af slagterisvin.
Der blev solgt
mange af sådanne

vægte til bønderne her på egnen; men krisetiderne for
landboerne i trediverne smittede også af på landsbysme-
den.

Indtjeningen var ikke det, den havde været; men Esper klarede sig dog igennem. Han var en af de første i sognet, der havde personbil. Om han havde råd til det, ved jeg ikke; men han kunne lide, at køre bil og kørte da også noget udlejningskørsel, også om det nok var begrænset, hvor meget han tjente ved det.

I sommeren 1937 ramtes Esper af en alvorlig sygdom, der medførte døden på Amtssygehuset i Holstebro den 9. december 1937.

Efter Espers alt for tidlige død prøvede Severine at drive forretningen videre sammen med sønnen Arne. Det varede dog ikke så længe, før hun besluttede at sælge både huset og forretningen.

Severine købte derefter et brødudsalg i Vinderup; men også det måtte hun opgive efter et stykke tid, hun var vel ikke egnet til sådan en forretning. Hun solgte den igen og flyttede til Skivevej i Holstebro i en lejlighed, hvor hun boede i mere end tyve år. Hun arbejdede i nogle år som vågekone på sygehuset. Det var vistnok, når der skulle holdes fast vagt ved dårlige patienter om natten. Da helbredet svigtede, fik hun ophold på De Gamles Hjem i Holstebro, hvor hun døde den 20. november 1963.

Der var seks børn i ægteskabet: Anna, Ellen, Arne, Elisabeth, Svend Erik og Holger

Kristen Julius Iversen

> - født den 16. januar 1887

Gift i Hjarup kirke den 25. maj 1917 med

Ellen Friis

> født på gården "Fædresminde" i Hjarup sogn den 12.
> september 1890

Julius læste til lærer på seminariet i Nørre Nissum. Efter
det første år på seminariet var han i vinteren 1906-07 så-
kaldt løbedegn ved Ørst og Kronhedens biskoler i udkanten
af Rom sogn i nærheden af Lemvig, hvor han underviste
tre dage om ugen hvert sted. Efter sin lærereksamen i
1910 blev han lærer ved Bakbjerg skole ved Brædstrup, og
fra 1. juni 1912 blev han ansat som lærer ved Hjarup sko-
le. Her forelskede han sig i sognefogedens datter. Det va-
rede dog lang tid, før det førte til bryllup i 1917.

Efter genforeningen med Sønderjylland i 1920 flyttede de til Sommersted skole, hvor Julius virkede som lærer i mere end 30 år, til han i 1952 lod sig pensionere.

I nogle år derefter var han vikar ved den lille skole i Overlærte i samme sogn. Her havde de nogle gode år, som de begge to var meget glade for. Men det sluttede brat, idet Ellen pludselig døde af en blodprop i hjertet den 29. september 1956. Julius forvandt aldrig tabet af hende; men levede dog en halv snes år, og da han ikke længere måtte køre bil på grund af, at synet svigtede, tog han cyklen med sig i toget, når han besøgte familien, så han kunne komme omkring i omegnen. Julius døde på Amtssygehuset i Haderslev den 13. september 1965. Der var en datter i ægteskabet, Anna.

Maren Iversen - død som spæd

Maren Iversen

- født den 15. januar 1890

Maren havde forskellige pladser i sin ungdom. Hun har altid arbejdet ved landbruget, først på hjemegnens landbrug, senere på Kolding egnen, hvor hun traf Christian Christiansen Juhl, der blev fader til hendes to børn. Men han svigtede hende, og de blev aldrig gift.

Maren beholdt børnene hos sig. Livet blev hårdt for hende, hun arbejdede som fodermester på forskellige større gårde i mange år.

I 1949 ramtes hun af en alvorlig sygdom, der medførte døden.

Børnene var Richard og Else Kristiane.

Juliane Iversen

> - født den 29. oktober 1891

gift i Borbjerg kirke den 11. februar 1913 med
Søren Peter Villadsen

> - født i Måbjerg den 2. december 1890

Juliane og Søren fik ikke noget let liv. Det hele begyndte ellers ret lovende. De overtog kort efter, de var blevet gift, et lille husmandssted i Måbjerg, men de få tønder land jord, der var til ejendommen, var ikke nok til, at en familie kunne leve af det. Søren måtte derfor tage arbejde udenfor hjemmet. Det var i begyndelsen på

egnens bøndergårde; men allerede den første sommer fik han arbejde i det nystartede mergelleje ved Bur station.

Det var hårdt arbejde med greb og skovl og derudover en lang vej på cykel morgen og aften. Derfor solgte de ejendommen og flyttede til Bur, hvor de købte et hus lidt syd for Bur stationsby.

Efter mergelgravningen var ophørt i 1922, blev Søren landpost, ud fra Bur station.

I foråret 1924 indtraf ulykken, som rystede det lille hjem, - Søren fik højre fod i klemme på jernbanestationen i Bur. Der gik koldbrand i såret, og der måtte hele tre operationer til, før det lykkedes at få det lægt lige under knæet. I tre måneder lå han på sygehuset i Holstebro.

Huset, de havde købt, kunne de ikke magte at blive boende i, og familien flyttede til en lejlighed i stationsbyen. Søren rejste til Randers og fik lavet et kunstigt ben; men bandagisterne var ikke så dygtige dengang som nu, og de havde jo heller ikke så gode materialer. Det var med møje og besvær, han lærte at gå på benet.

Den invalidepension, han blev tilkendt, kunne slet ikke række til, at den store familie kunne leve af det, så han lærte skomagerhåndværket, og det arbejdede han med i nogle år.

Eftersom han blev bedre gående, gav han sig til at arbejde med, hvad han kunne få. Det var trange tider, familien var blevet meget fattige; men tænkte vel ikke så meget på det, da de ikke var eneste, der var i den situation. Børneflokkene var store, og indtjeningen i arbejderstanden lille, så drengene var alle om sommeren, fra omkring elleve års alderen, ude at tjene som hjorddrenge på forskellige bøndergårde i Bur sogn.

I foråret 1934 flyttede familien fra Stationsbyen til Vesterbur, til et lille hus kaldet "Gråkjærlille." Det blev så deres hjem de næste 18 år.

I 1952 flyttede Søren og Juliane til Holstebro. Det var et længe næret ønske, der nu gik i opfyldelse; men Søren var begyndt at få problemer med hjertet, og i løbet af de næste par år fik han sin første blodprop i hjertet.

Han var indlagt på sygehuset flere gange. Det endte da også med, at han dagen efter, at han sidst var kommen hjem fra et sygehusophold, faldt død om på gaden udenfor hjemmet ved aftenstid den 25. juli 1956.

Juliane boede flere steder i små lejligheder i Holstebro, men havde meget svært ved at være alene, så i 1962 fik hun ophold på De Gamles Hjem i Holstebro. Her var hun til sin død den 24. juni 1970.

Der var 13 børn i ægteskabet: Gudrun, Svend Aage, Richard, Ernst, Aksel, Verner, Fridlev, Mads, Karen, Peder, Esther, Ingrid og Anna Grethe.

Nævnes skal her, at det er et af børnene - Verner - der fortæller historien i denne publikation.

Juliane og Søren med den store børneflok i 1936

Kirstine Iversen

> - født den 3. maj 1893
>
> Stinne, som hun kaldtes i daglig tale, blev aldrig gift

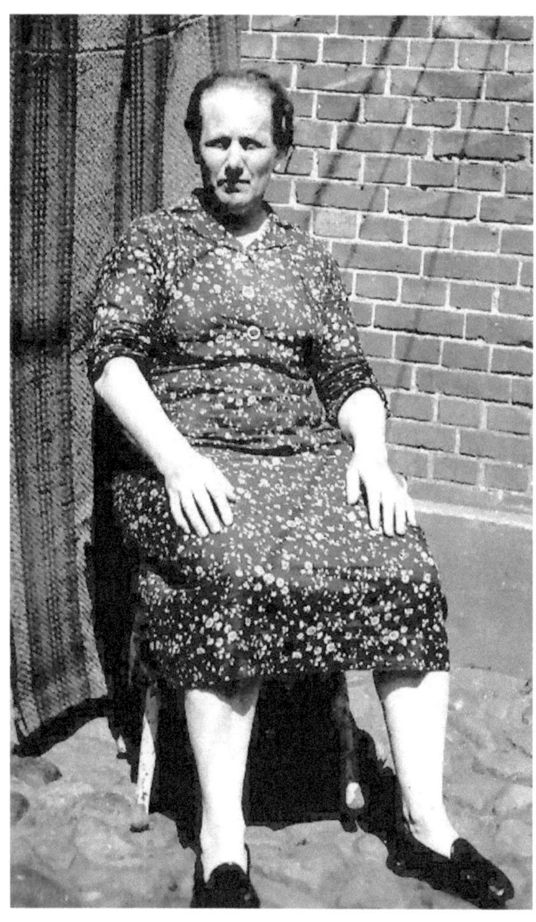

Hun begyndte, som sine søstre, at tjene på hjemegnens bøndergårde; men senere havde hun pladser på større gårde, som "Store Nørlund" syd for Herning, "Udstrup" i Sønder Nissum, hos familien Touborg på "Kloster Mølle" i Gudum, og det yndede hun at fortælle om.

Hun var også husbestyrerinde på "Jenle", hvilket også hørte til den bedre del af hendes ungdom. Hun har fortalt om, hvordan Jeppe Åkær læste op af sine digte i de lange vinteraftener.

I sommeren 1917 var hun elev på Tommerup Højskole på Fyn, og i tiden, før hun startede selvstændigt pensionat, var hun bestyrerinde på K.F.U.M. i Skive.

Efter i nogle år at have drevet pensionat fra lejede lokaler, købte hun i 1932 ejendommen Østergade 12 i Skive, her udøvede hun sin manddomsgerning, til hun var højt op i årene.

De første mange år havde hun mange, mest mænd, på kost både morgen, middag og aften, det var før cafeteriernes tid. Hun leverede også mad ud af huset; men de sidste år var det kun om middagen, pensionatet var åbnet.

Stinne var flittig til at besøge hele familien, selvfølgelig mest hendes søskende og deres børn; men også fætre og kusiner. Hun var også selv meget gæstfri, og det var der mange, der nød godt af.

De sidste år moster (faster) Stinne levede, var hun meget plaget af sygdom. Især det sidste år var ikke let for hende at komme igennem.

En kort tid blev hun sendt på plejehjemmet i Jebjerg, der var ingen plads i Skive, - også om hun havde boet der i mere end en menneskealder.

Hun valgte også ret hurtig at flytte tilbage til sit hjem; men det varede dog ikke længe, før hun blev indlagt på sygehuset igen, hvor hun døde natten til den 21. september 1977.

"Stinne" var altid glad for de små i familien

Marie Iversen
   - født den 11. maj 1894

Gift i Sommersted kirke 24. april 1925 med
Anders Kristian Larsen
   - født i Tornemark den 11. april 1894

   Marie havde, modsat søstrene, ikke plads på bøndergår-
dene, hun var mere til borgerskabet. Det var vel også
grunden til, at hun tog plads som husbestyrerinde for sko-
lelæreren i Tørring skole ved Laven. Han var ungkarl, og
det endte da også ret hurtig med bryllup.

   Anders Larsen var færdig med sin læreruddannelse fra
Jelling Seminarium i 1919 og fik sit første embede ved
Strellev skole i Vestjylland, hvor han var fra1919 til 1924.
Han blev derefter enelærer ved den gamle skole i Tørring
ved Laven.

   Her virkede han som lærer i mere end fyrretyve år og
var alle årene tillige organist ved Alling kirke. Det fortsatte
han også med, efter at han var bleven pensioneret fra sko-
len, og familien var flyttet til Ry. Han nåede at holde 50
års jubilæum som organist ved kirken, og i den anledning
blev han tildelt Dronningens fortjenstmedalje i sølv.

   Anders Kristian Larsen døde pludselig af et hjerteonde
på gaden i Ry den 30. april 1977 - 83 år gammel. Marie
blev i huset et par år, men tog så ophold på plejehjemmet
i Gammel Ry, hvor hun døde den 15. maj 1981 - 87 år.

   Der var tre børn i ægteskabet, Anna Marie, Bent og Leif.

Christian Bernhardt Iversen

- født den 5. juli 1896

Gift i Ejby kirke på Fyn den 2. november 1930 med
Hilma

- født den 25. november 1903

Christian lærte, ligesom brødrene, smedehåndværket i smedjen derhjemme. Han kom senere til Struer, hvor han blev uddannet til maskinsmed og senere maskinist.

I begyndelsen af 1920erne rejste han til København; men det kneb med arbejdet indenfor faget, da arbejdsløsheden indtrådte i trediverne. Det lykkedes for ham at få arbejde hos Sadolin & Holmblad, hvor fætteren Georg Akselsen var direktør. Her arbejdede han i mange år. Hilma ledede et rengøringsselskab i København.

Christian hørte til de stille eksistenser. Han døde efter en operation 4. marts 1983.

Hilma blev boende i lejligheden på Vennemindevej i København, hvor de flyttede ind efter brylluppet i 1930.

Ægteskabet var barnløst; men der voksede en plejesøn op i hjemmet. De fik ham som spæd, og han blev døbt med navnet Palle Iversen.

Kathrine Iversen
   - født den 27. oktober 1898

Gift i Halling kirke den 6. maj 1923 med
Kristian Nielsen Sørensen
   - født i Gosmer den 13. januar 1875

Kathrine blev i sin ungdom handelsuddannet i Resen Brugsforening ved Struer.

I efteråret 1922 tog hun plads som husbestyrerinde i Søby Brugsforening syd for Odder, uddeleren var Kristian Sørensen, og det endte med et forårsbryllup, selv om han var tyve år ældre.

De skabte sammen et godt og gæstfrit hjem, hvor alle var glade for at komme, både naboer, kunder og Kathrines store familie. Ved sit venlige væsen var hun en god støtte, også i forretningen.

Efter nogle års tiltagende svaghed døde Christian Sørensen på Amtssygehuset i Århus den 17. januar 1944, han blev 69 år gammel.

Kathrine fortsatte som uddeler nogle år; men efter afslutningen af anden verdenskrig i 1945, blev det vanskeligere for de små forretninger at klare sig i konkurrencen. Først i 50erne gav hun op og flyttede til Odder, og det varede heller ikke længe, før den nye uddeler måtte opgive at køre videre. Brugsen blev nedlagt.

Efter at Kathrine i efteråret 1968 havde fejret sin 70 års fødselsdag, måtte hun lade sig indlægge på Odder sygehus, hvor hun blev opereret for en kræftlidelse. Hun blev ikke rask igen og døde på Odder sygehus 3. april 1969.

Ægteskabet med Christian Sørensen var barnløst, så de tog en lille pige i pleje, der i dåben fik navnet Ester Sørensen - Bitten kaldte de hende.

Dusine Iversen

- født den 13. september 1901

"Søster" blev hun kaldt som barn, og det navn beholdt hun livet igennem i familien og blandt venner.

Søster var knap 13 år, da moderen døde. Det var et hårdt slag for hende. Broderen Ejner, der var et par år yngre, sagde engang det kom på tale, *"at det var forfærdelig svært for Søster og mig, da vor moder døde; men jeg forvandt det med tiden, Søster kom aldrig over det."*

Dusine blev aldrig gift. Hun arbejdede næsten hele sit liv for andre. I sin første ungdom havde hun plads blandt andet i "Burgaard" i Bur; hun kom senere til tømmerhandler Poul Andersen i Holstebro og til Sjælland, før hun kom til Varde, hvor hun i mange år var i huset hos en skoleinspektør.

En kort tid var hun hos broderen Julius, efter at han var blevet enkemand. Det var vist ikke lykken, så hun valgte at flytte til Skive, hvor hun blev husbestyrerinde for en pensioneret jernbanemand ved navn Carlsen. Der havde hun nogle gode år, og efter hans død beholdt hun lejligheden og de fleste af møblerne. Det var så først her, hun fik sit eget hjem, efter hun var blevet folkepensionist.

Men til sidst måtte tage ophold på Egeris Plejehjem. Her døde Dusine Iversen den 17. december 1992 - 91 år gammel - hun var den, der levede længst af den store søskendeflok.

Ejner Iversen
>
> - født den 22. september 1902

Gift på Rådhuset i København den 27. september 1934 med
Olga
>
> - der var født i Silkeborg

Ejner var den yngste af søskendeflokken og meget forkælet af moderen, efter hvad de andre søskende fortalte. Han udtalte efter sigende ved moderens kiste, *"nu er der ingen, der bryder sig om mig;"* men så galt gik det nok ikke, selvom det selvfølgelig var hårdt for en tolvårig dreng.

Ejner blev udlært maskinsmed i Struer. Han blev ikke, som brødrene, først uddannet til grov-

smed. Faderen havde på det tidspunkt afhændet smedjen.

Efter udstået læretid og soldatertjeneste rejste han til København. De sidste mange år arbejdede han på en radiofabrik.

Ejner døde i København i 1970, og Olga døde i København i 1975.

Der var to børn i ægteskabet, Birthe og Kurt.

Fortsat fra side 7
Peder Langballe Iversens forældre

Iver Jensen
> - født i Fælledhus, Gudum sogn i 1788, datoen ken-
> des ikke, kirkebogen defekt
> Forældrene var Jens Nielsen Lind og Karen Peders-
> datter

Gift ved et såkaldt stuebryllup, efter bevilling fra amtman-
den, den 2. november 1817 på Strandbjerggaard i Hum-
lum sogn med
Ane Knudsdatter Langballe
> - født i Lyngs sogn, Thyholm den 23. juli 1797
> Forældrene var Knud Jensen Langballe og Karen Pe-
> dersdatter

Ved folketællingen i 1801 var Iver tjenestedreng i går-
den Nissumby i Nørre Nissum sogn, og ved faderens død i
1805 var han tjenestekarl samme sted. Hvornår han har
lært smedehåndværket, har jeg ikke fundet. Før sit bryllup
i 1817 havde han plads som smed på Strandbjerggaard i
Humlum sogn.

Ane Knudsdatter Langballes korte ungdomstid har jeg
ikke fundet noget om, udover at hun før sit bryllup opholdt
sig som pige på Strandbjerggaard.

Efter brylluppet flyttede det nygifte par til Ane Knuds-
datters hjemegn på Thyholm, hvor de boede forskellige
steder. Iver nævnes nu i kirkebogen ved børnenes dåb
som husmand og smed.

Deres første hjem var i Grønholme nord for Hvidbjerg,

derefter i Kallerup og senere i Barslev, hvor han købte et husmandssted den 24. juni 1826, købesummen var 280 rigsdaler. Skødet blev tinglyst 22. marts 1827.

I 1833 valgte familien at flytte til Nørre Nissum, hvor de købte ejendommen Forumbjerg også kaldte Vester Bak. Ejendommen er beliggende ved landevejen mod Lemvig ikke langt fra Nørlem sogneskel. Der hørte et jordtilliggende på 17 tønder land til. Købesummen blev sat til 520 rigsbankdaler deraf 200 rigsdaler kontant til sælgeren Mads Jensen. Skødet blev tinglyst 21. august 1833.

Her fortsatte Iver Jensen som husmand og smed og lærte sine sønner håndværket, så fire sønner blev smede. Ved folketællingen i 1834, var det kun den ældste søn Jens Iversen, der ikke var i hjemmet.

Iver Jensen døde som 60årig den 13. marts 1848, og præsten skrev i kirkebogen: *"dødsårsagen var vattersot (vand i kroppen.)"* Det var der ligesom ikke noget at gøre ved dengang.

Efter Iver Jensens død solgte enken Ane Knudsdatter Langballe Vester Bak i Nørre Nissum til sin ældste søn Jens Iversen, der hidtil var Smed i Tinglev i Sønderjylland, til overtagelse den 11. december.

Det var så meningen, at Jens Iversen ville fortsætte i faderens spor som husmand og smed og antog sin yngste broder Peder Langballe Iversen, som lærling. Men hvad der var grund til, at Jens Iversen 3. maj 1850 flyttede til Lemvig med hustru og to pigebørn og broderen, smedelærling Peder Langballe Iversen, har jeg ikke fundet noget om. Heller ikke, hvor Ane Knudsdatter flyttede hen dengang, har jeg ikke fundet; men i juli måned 1852 flyttede hun til

Fovsing for at blive husbestyrerinde for Jens Madsen i
Lensbjerg. Den 10. oktober samme år blev de gift i Fovsing
kirke. Ane Knudsdatter var da 55 år og Jens Madsen var
43 år.

Ane Knudsdatter Langballe, havde ifølge Amtets tilladel-
se af den 13. april 1848 siddet i uskiftet bo; men betingel-
sen for at hun kunne gifte sig, var dengang som nu, at der
skulle skiftes med børnene. Det blev en lang og besværlig
opgave med flere retsmøder. Da boet var gjort op, blev
der 670 rigsdaler til deling. Men før pengene blev udbetalt,
mødte Ane Knudsdatter op på Skifterettens kontor og
fremviste en separationsattest udstedt af Skodborg -
Vandfuld Herredsret, hvorefter hun var berettiget til at hæ-
ve, hvad der tilhørte hende efter hendes afdøde mand Iver
Jensen, Vester Bak i Nørre Nissum. Hun havde nu som
laugværge sin søn Peder Iversen i Romby. Ægteskabet
med Jens Madsen var forlist, før det ret var begyndt.

Sine sidste leveår tilbragte hun hos børnene på skift, så
den arv hun modtog, blev brugt til hendes ophold. Hun dø-
de hos sin datter og svigersøn Karen Marie og Christen
Thomsen i Halshus (Østerlund) i Humlum sogn.

Efter Humlum kirkebog:

> *"Ane Knudsdatter Langballe døde den 20. maj 1869 -
> 72 år gammel - hun var enke efter Iver Jensen Ve-
> ster Bak i Nørre Nissum".*

Derimod står der intet om, at hun har været gift med
Jens Madsen i Lensbjerg i Fovsing. Denne gang var der in-
genting at arve.

Der var otte børn i ægteskabet, hvor Peder Langballe
Iversen var nr. syv.

Juliane Andersdatters forældre

Anders Poulsen Knude
- født i Refskou i Hove den 3. oktober 1779

Gift i Hove Kirke den 15. juni 1823 med
Maren Jacobsdatter
- født i Brunsgård Nørre Nissum sogn, fødselsdatoen
kendes ikke; men hun blev døbt i Nørre Nissum kirke
den 21. marts 1798

Anders Knude (som han kaldtes i daglig tale) var kun
halvvoksen, da forældrene døde i 1796 og 1797. Ved fol-
ketællingen i 1801 var han endnu hjemme ved broderen i
Vester Refskou. Som 43 årig købte han sin broder Ville Poul-
sens gård Sønder Refskou, som var (er) nabogård til deres
fødehjem, det var i foråret 1823.

Maren havde blandt andet plads som tjenestepige i
Lemvig, før hun kom til Refskou i Hove, og her blev hun
antagelig gravid med den halvgamle ungkarl, som hun blev
gift med. I de følgende år fødte hun to drenge og tre piger;
men efter få års ægteskab, døde Anders Knude den 18.
august 1833, kun 53 år gammel.

Den unge enke Maren Jacobsdatter, var ikke længe om
at få en mand i gården, allerede den 23. marts 1834, kun
et halvt år efter sin første mands død, blev hun i Houe kir-
ke gift med enkemand Niels Christian Olesen Armose, født
i gården Armose i Lomborg sogn den 14. juli 1805. Det var
nok også nødvendigt med en mand i gården, hvis det hele
skulle løbe rundt.

Livet i gården fortsatte på almindelig vis, der kom yderligere tre børn, også om Maren var ovre sin første ungdom.

I tyve år havde de deres hjem i gården Armose; men i 1864 solgte de gården til Søren Bertelsen, der fik tinglyst skøde på Armose den 12. januar 1864.

Ægteparret flyttede til Brunsgaardhus i Nørlem sogn. Her døde Maren Jacobsdatter samme år den 9. oktober 1864. Nils Christian Olesen Armose døde der den 17. september 1865.

I første ægteskab mellem Anders Poulsen Knude og Maren Jacobsdatter var fem børn, hvor Juliane Andersdatter var nummer fire.

I andet mellem Maren Jacobsdatter Niels Christian Olesen Armose var der tre børn.

Hilsen fra Hvam

Borbjerg Mølle pr. Holstebro